D1234057

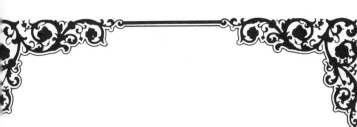

Le Petit
Livre de Cuisine
de la
NOUVELLE ORLÉANS

La Cathédrale St. Louis, au cœur du Vieux Carré.

Le Petit Livre de Cuisine de la NOUVELLE ORLÉANS

CINQUANTE-SEPT RECETTES CRÉOLES QUI VOUS PERMETTRONT DE GOÛTER L'UNIQUE CUISINE DE LA NOUVELLE ORLÉANS

par
Gwen McKee

Illustré par Joseph A. Arrigo

Traduit par
Keith Odom, Valérie Harel, Jean Noel Lemercier,
et Virginie Trentinella

QUAIL RIDGE PRESS
Bâton Rouge/Brandon
United States of America

DÉDICACE

**A ma chère petite maman,
Esther Grace McLin,
qui prie
toujours pour nous et qui nous ravie
avec ses merveilleux contes sur la Nouvelle Orléans
et son adoration pour cette ville.**

Library of Congress Cataloging-in-Publication Data

McKee, Gwen.
  [Little New Orleans cookbook. French]
  Le petit livre de cuisine de la Nouvelle Orléans : cinquante-sept
recettes créoles qui vous permettront de goûter l'unique cuisine de
la Nouvelle Orléans / par Gwen McKee.
    p. cm.
  Includes index.
  ISBN 0-937552-60-7 (alk. paper)
  1. Cookery, American—Louisiana style. 2. Cookery, Creole.
3. Cookery—Louisiana—New Orleans. I. Title.
[TX715.2.L68M3714 1995]
641.59763'35—dc20   95-17573
                                             CIP

Imprimé au Canada

Droits d'auteur détenus 1996 par
Quail Ridge Press, Inc.
ISBN 0-937552-60-7

Photos publiées avec l'autorisation
de l'Office du Tourisme de la Louisiane
et de Gwen McKee

TABLE DE MATIÈRES

CONTENTS

CONTENTS

Artistes dans le Vieux Carré devant le Cabildo historique.

AVANT-PROPOS

La Nouvelle Orléans *est synonyme de* bonne cuisine. Comme un nouveau venu à la ville vous dira, «Je n'ai jamais goûté une si bonne cuisine.» Puis il se creusera la tête afin de trouver les mots justes pour décrire ses repas, mais les mots lui manqueront. La cuisine de la Nouvelle Orléans échappe à toute description.

La plupart des visiteurs croient qu'il faut être à la Nouvelle Orléans pour goûter sa cuisine. Mais, ce n'est pas vrai! Elle est accessible à tous.

Dans ce livre vous trouverez un assortiment de recettes classiques de la Nouvelle Orléans, écrit avec clarté et facile à suivre. Comme cuisiner est agréable, les recettes sont farcies d'histoires drôles et de suggestions qui vous aideront. En Louisiane, la cuisine ne se borne pas au besoin—elle devient une manière de vivre. Il est indéniable que l'ingrédient secret de la bonne cuisine Créole et Cajun est *la joie de vivre*.

Bien des mets célèbres de la Nouvelle Orléans tirent leurs origines des restaurants de la ville. Embellissant les uniques saveurs Créoles, ces chefs si doués ont sauté, doré, rôti, et présenté leurs créations avec une telle fierté qu'un repas dépasse les bornes du simple repas: il devient une expérience personnelle du sublime.

Le touriste moyen n'a pas l'occasion de goûter à l'unique cuisine familiale de la Nouvelle Orléans. Les saveurs françaises, espagnoles, africaines, et indiennes se sont entremelées sur les poêles des habitants de la Nouvelle Orléans pour créer une cuisine distincte, la cuisine Créole. L'étouffée, le gumbo, le pudding que l'on peut savourer à un des restaurants du Vieux Carré trouvent sûrement leurs origines au cœur des traditions culinaires familiales.

Ces repas provenaient jadis des ingrédients qui abondaient au marché, sur les wagons de légumes, ou des restes. Qu'il s'agisse de bananes mûres, de restes de riz, ou de pain rassis, ces chefs familiaux savaient délicieusement incorporer toutes sortes d'ingrédients.

J'ai associé les recettes et les contes de mes aïeux de la Nouvelle Orléans à mes recherches pour vous présenter un assortiment typique de recettes Créoles faciles à préparer, modernes, et facile à incorporer à la cuisine quotidienne. Je ne peux m'empêcher de donner mes petits conseils; et j'evoque l'opinion de l'auteur pour embellir le plat, réduire les calories, simplifier la recette, et beaucoup d'autres choses pour convaincre le lecteur de les essayer.

Ce livre a été sans doute le projet le plus divertissant de ma carrière. J'ai de beaux souvenirs d'enfance qui tournent autour de la bonne cuisine. Je voudrais remercier ma mère pour se souvenir de ses recettes (et des petites anecdotes qui les accompagnent); merci aussi à Lois pour partager ses techniques intuitives de la cuisine Créole; à Barney, Barbara, et Sheila pour leur aide et leur patience. Un grand merci à mon bon ami Joe Arrigo, qui m'a encouragé à écrire *Le Petit Livre de Cuisine de la Nouvelle Orléans*, et qui nous illumine de ses jolis dessins.

J'ai la ferme conviction que la meilleure cuisine du monde se trouve à la Nouvelle Orléans. J'éspère que l'héritage, l'enthousiasme, et le plaisir qui se sont longtemps entremelés pour former la cuisine Créole sauteront de la page à votre table. La saveur du Crescent City est à la portée de votre main.

À la manière Nouvelle Orléanaise, «Welcome to Dahlishous N'Awlins, Dawlin!»

Gwen McKee

11

Les musiciens jouent leurs morceaux dans le Vieux Carré.

ÉPICE N'AWLINS

Ajouter la saveur de la Nouvelle Orléans à tous vos plats Créoles!

15 mg de poudre d'ail
15 mg de poudre d'oignon
30 mg du thym
30 mg de feuilles de laurier, broyées
15 mg d'écailles de persil
5 mg de feuilles de basilic
30 mg de poivre noir
15 mg de poivre cayenne
5 mg d'Accent® (au choix)
250 mg de sel (ou «Lite Salt»)

Mélanger dans un grand pot, tourner vigoureusement. Verser dans des récipients (ceux avec des couvercles semblables aux cadrans d'horloge sont parfaits) ou dans des petits pots d'épices.

NOTE: Je ne peux pas montrer l'avantage d'utiliser cet épice avec tous les plats Créoles et Cajuns. La plupart des recettes dans ce livre en font usage. L'épice du commerce peut être utilisé, mais *Épice N'Awlins* apporte le goût spécial de la Nouvelle Orléans! Vous pouvez l'utiliser pour les recettes qui demandent du sel ou une combinaison d'assaisonnments: vous ne perdrez pas de temps à combiner de nombreux épices. Remplissez-en des petits récipients, entourez-les d'un ruban, et donnez-les à vos amis. Ils vous remercieront chaque fois qu'ils s'en serviront.

PAIN FRANÇAIS

Le pain français est tellement important pour la cuisine de la Nouvelle Orléans qu'il mérite une position privilégiée. Mais je n'inclus pas de recette parce que je l'utilise rarement. Personne ne le cuit, même ma grandmère ne l'utilisait pas. Cependant, nous nous servons du pain pour plusieurs œuvres gastronomiques, comme pour le pain à l'ail, le po-boy, le pudding, le French toast, la farce, et accompagnements de toutes sortes. Pas une seule miette n'est gaspillée. Le pain français est un ingrédient essentiel pour le gumbo, l'étouffée, etc. Ma recette préférée est...aller à la boulangerie!

NOTE: Les boulangeries de la Nouvelle Orléans ne cuisent pas seulement le pain. Elles sont en fait un festin pour nos senses naturels. Avant d'y entrer, oubliez le cholestérol, le régime et laissez vous guider par le nez. Petits fours, brioches, sablés à la fraise, Napolitains, choux à la crème, gâteaux au vin, tartes aux pacanes, boulettes au rhum, éclairs, gâteaux dobaches—il n'est pas nécessaire d'en connaître les noms. Montrez du doigt et dites, «J'en voudrais un.» Soyez indulgent—si ces friandises tuent, vous auriez déjà éprouvé un petit paradis ici sur terre!

PAIN À L'AIL

Couper le pain français rassis en rondelles de 6 mm d'épaisseur. Tartiner un côté avec l'huile d'olives et l'ail haché finement. Mettre au four jusqu'à ce que les tranches soient dorées.

FRENCHIES
Tranches de pain originales et croustillantes

6 petites baguettes
140 mg de beurre ou margarine
5 mg de poudre d'ail
1 cuillère à café de Sauce Tabasco
1 cuillère à café d'eau
15 mg d'écailles de persil (au choix)

Couper les baguettes en fines rondelles (à peu près 6 mm d'épaisseur). Dans une casserole faire fondre le beurre (ou la margarine) et ajouter les autres ingrédients. Tartiner légèrement les deux côtés des tranches avec un pinceau. Mettre au four à 100° C pendant 40 à 50 minutes jusqu'à ce qu'elles soient sèches, mais non pas noircies. Éteindre le four et laisser les tranches reposer pendant 30 minutes ou plus (toute la nuit, si possible). Mettre dans un grand pot pour conserver.

NOTE: Pour couper facilement le pain, il vaut mieux d'abord le mettre au congélateur. Puis utilisez un couteau à dents (ou électrique). Les *Frenchies* accompagnent n'importe quel repas ou n'importe quelle sauce. Vous pouvez aussi facilement faire des croûtons. Mon amie Eve les emporte pour jouer au golfe comme casse-croûtes. Préparez-en beaucoup!

PAIN FRANÇAIS «JAZZ»

Un pain français
30 - 45 mg de fromage parmesan
160 mg de margarine fondue
2 cuillères à soupe d'huile végétale ou d'olive
1 cuillère à soupe d'eau
2,5 mg de poudre d'ail (ou plus)

Couper le pain dans le sens de la longueur. Placer le sur une plaque de four. Répandre légèrement le parmesan. Faire fondre la margarine avec l'huile, l'eau, et la poudre d'ail; mélanger. Répandre équitablement sur le pain à l'aide d'une cuillère. Cuire au four préchauffé à 200° C jusqu'à croustillant et brun clair.

CAFÉ AU LAIT

En vous baladant dans la Nouvelle Orléans, vous finirez sans doute dans un café pour y goûter le café spécial du Vieux Carré—le café au lait. Vous pouvez recréer l'ambiance unique du Vieux Carré dans votre propre cuisine.

Chicorée
Lait entier, ou crème de lait
Sucre, ou édulcorant de synthèse (au choix)

Mettre à chauffer le lait ou la crème de lait. Fouetter jusqu'à ce que ça soit mousseux. Verser simultément des quantités égales de café et de lait dans une tasse. Ajouter le sucre ou l'édulcorant de synthèse à volonté.

NOTE: Jadis, nous avions de la peine à conserver le lait à Nouvelle Orléans parce que la chaleur était accablante en été et parce que le vendeur de glace ne passait qu'une fois par jour. Ma grand-mère gardait donc du lait condensé dans un pot sur la table. Elle en ajoutai une cuillère dans son café avec du sucre et le lait! C'était un vrai délice, au retour de l'école, d'en verser une bonne cuillère sur un morceau de pain sortant juste du four. Goûtez—cela est délicieux!

Le Café du Monde, près du Mississippi.

CAFÉ «FRENCH DRIP» DE LA NOUVELLE ORLÉANS

Café grossièrement moulu
Eau bouillante
Cafetière vieux style
Poêle peu profonde
Crème de lait et sucre (si vous désirez)

Mettre la cafetière dans une casserole sur une plaque chauffante. Verser lentement l'eau bouillante sur les grains moulus (250 ml d'eau pour 30 mg de grains moulus). Verser encore 250 ml d'eau bouillante dans l'eau sous la cafétière. Laisser sur petit feu afin de garder chaud.

NOTE: Je me souviens encore de la petite cafetière de ma grand-mère, balottant dans une casserole si cabossée qu'elle ne pouvait plus rester droite sur le brûleur. Cette cafétière a versé plus de café que l'on peut imaginer. Mais personne ne versait plus qu'une demi-tasse. On sirotait cette boisson chaude...et on le savourait.

BEIGNETS

Ces petits délices si légers ressemblant à des «donuts» sont souvent servis avec le café au lait.

**250 ml de lait entier
2 cuillères à soupe de matière grasse (ou saindoux,
margarine, ou huile) • 30 mg de sucre
30 mg de levure sèche • 750 mg de farine
5 mg de sel • 1 œuf
Huile pour friture • Sucre en poudre**

Chauffer le lait jusqu'à ébullition, tout en remuant pour qu'il ne brûle pas. Mettre la matière grasse et le sucre en poudre dans un grand bol. Verser le lait chauffé dans le bol et remuer jusqu'à ce que le mélange soit souple et fondu. Laisser refroidir jusqu'à ce le contenu soit tiède; ajouter la levure; mélanger jusqu'à dissolution.

Dans un autre bol, tamiser la farine et verser le sel. Délicatement mélanger la moitié de la farine avec tout le mélange de lait; ajouter 1 œuf. Battre la pâte, en ajoutant peu à peu la farine restante. Couvrir d'un torchon et mettre de côté pour une heure, jusqu'à ce que la pâte double de volume. Pétrir doucement sur une planche saupoudrée de farine. Étaler sur une épaisseur d'à peu près 6 cm. Couper en petits carrés avec un couteau tranchant. Couvrir et laisser reposer encore 30 à 45 minutes.

Plonger les morceaux carrés dans l'huile bouillante (200° C). Les retourner une fois quand ils sont dorés. Egoutter les ensuite sur du papier absorbant et saupoudrer de sucre. Servir chaud.

NOTE: On peut facilement se procurer dans les supermarchés des préparations pour beignets; celles-ci demandent seulement que l'on ajoute de l'eau, que l'on mélange, et que l'on fasse frire. Ces beignets sont bons. On peut aussi faire de «faux beignets» avec des biscuits instantanés en boîte. Étaler les biscuits et couper les en deux. Faire frire dans l'huile jusqu'à ce qu'ils soient dorés des deux côtés. Saupoudrer de sucre.

CALAS

Jadis, les marchands ambulants de la Nouvelle Orléans portaient sur leurs têtes ces boules de riz frites dans des paniers et criaient, «Belle cala! Tout chaud!»

265 mg de riz bouilli
265 mg de farine
7,5 mg de levure chimique
1 mg de sel
0,5 mg de moucade
8 œufs battus
2 cuillères à soupe de lait
1 cuillère à café de vanille
Huile pour friture
Sucre en poudre

Mélanger le riz avec la farine, la levure, le sel, et la moucade. Ajouter les œufs, le lait, la vanille. Remuer vigoureusement. Former des boules de 5 cm de diamètre et les plonger dans l'huile chaude. Faire frire jusqu'à ce qu'elles soient dorées. Egoutter sur du papier absorbant et saupoudrer de sucre. Donne environ 12 boules.

NOTE: Les chefs Créoles ne gaspillaient rien. Après le dîner, ils préparaient des gâteaux avec les restes de riz, la levure et un peu d'eau. Le lendemain, ils y ajoutaient d'autres ingrédients et les faisaient frire pour les servir avec le café au lait. La recette moderne avec la levure chimique est plus facile à réaliser, mais celle avec la levure naturelle est formidable. Il y a des restaurants qui preparent toujours ces petits délices frits de France.

PAIN PERDU

Aussi connu sous le nom de «French Toast,» le pain perdu est en fait du pain tellement rassis qu'il est sur le point d'être perdu. Quel rajeunissement!

30 mg de beurre
2 cuillères à soupe d'huile de cuisine
2 œufs battus
30 mg de sucre
Une pincée de sel
8 ml d'essence de vanille
2,5 mg de cannelle mélangée avec 10 mg de sucre (au choix)
8 - 10 tranches de pain français rassis (à peu près 2,5 mm
d'épaisseur)

Mettre à chauffer le beurre et l'huile dans une grande poêle. Mélanger les œufs, le lait, le sel, et la vanille dans un bol profond. Mettre les tranches de pain dans le bol et les faire tremper jusqu'à ce que les tranches soient complètement imbibées. (Ou couvrir et laisser imbiber toute la nuit au réfrigérateur.) Saupoudrer les tranches avec le mélange de cannelle et de sucre et les faire frire dans la poêle jusqu'à ce qu'elles soient moyennement dorées. Saupoudrer de sucre en poudre, ou servir avec du sirop de canne. Sert 3 - 5 personnes.

Version faible en calories/cholestérol: Remplacer les œufs par un succédané d'œufs (Scramblers® ou Egg Beaters®, par exemple). Ou utiliser les œufs sans les jaunes. Utiliser du lait écrémé, un édulcorant de synthèse, et de la margarine allégée ou de l'huile végétale allégée. N'importe quelle sorte de pain convient—quant à moi, je préfère le pain de froment. Si le pain n'est pas tout à fait rassis, cuire dans un grille-pain jusqu'à ce qu'il soit assez chaud, mais pas grillé. Laisser le reposer un instant sur la table.

GRUAUX D'AVOINE ET GRILLADES

Traditionellement servi au petit déjeuner, ce plat abondant est délicieux servi à n'importe quelle heure. Il convient bien par un «Jazz Brunch» au style de la Nouvelle Orléans. Pour cette recette, du riz, des pâtes, ou du boeuf rôti peuvent remplacer les gruaux d'avoine.

1 kg de veau d'à peu près 6 mm d'épaisseur
Sel et poivre • 30 mg de farine
30 mg de beurre
175 mg d'oignons hachés • 85 mg de céleri haché
85 mg de poivron vert haché
1 boîte (454 g) de tomates entières
15 mg de persil haché
250 ml d'eau
1,25 mg de thym
½ cuillère à café de Sauce Tabasco

Parer le veau et le marteler avec un maillet ou le rebord d'une assiette. Saler, poivrer, et enfariner les deux côtés. Couper en carrés de 5 cm. Faire dorer les carrés dans une poêle profonde pour les faire brûnir. Retirer la viande du feu. Verser la farine dans la poêle et faire revenir. (Voilà, un roux!) Ajouter les oignons, le céleri, et les poivrons verts. Faire revenir.

Ajouter les carrés de viande, les tomates, le persil, l'eau (ou un peu de vin rouge) et les autres assaisonnements. Faire revenir en prenant soin de ne pas porter à ébullition, remuer, couvrir, et laisser mijoter pendant une heure. Servir sur des gruaux d'avoines chauds et beurrés. Sert 6 personnes.

NOTE: Ce plat est typique de la Nouvelle Orléans. Mais il faut savoir le préparer. Des gruaux grumeleux semblables à une montagne de purée de pommes de terre ne disent rien à ceux qui les goûtent pour la première fois. Des gruaux crémeux qui dégoulinent rapidement d'une cuillère et tombent à plat sur une assiette, evoquent les éloges de tous. Tester les célèbres variantes décrites ci-dessous:

Gruaux d'Avoine au Four à Micro-Ondes: Mettre le four à micro-ondes au plus fort. Faire bouillir 750 ml d'eau et 2,5 mg de sel dans une grande tasse (4 ou 5 minutes). Ajouter 150 mg de gruaux d'avoines, remuer, et couvrir. Ramener le réglage au numéro 7 et faire cuire pendant 3½ minutes. Remuer et laisser reposer 2 minutes. Ils sont crémeux et délicieux!

Gruaux au fromage: Ajouter 700 mg de gruaux cuits à un œuf battu, un rouleau de fromage à l'ail (ou au poivron jalapeño ou au cheddar), 1 cuillère à soupe de sauce Worcestershire, quelques gouttes de sauce Tabasco, et 90 mg de beurre. Faire cuire au four pendant 30 minutes à chaleur moyenne. Merveilleux!

Gruaux au Jambalaya: D'abord, faire un roux avec la graisse de bacon et la farine. Puis, faire revenir des oignons, un poivron vert, du céleri, et de l'ail. Ajouter des gruaux déjà cuits, des tomates, et du jambon; émietter du bacon déjà cuit et le répandre. Les quantités sont variables à volonté. *Très Louisianais!* Après tout, la Sainte Trinité nous a béni d'une autre recette!

NOTE: L'oignon, le poivron vert, et le céleri sont si vénérés parmi les chefs Créoles et Cajuns qu'ils sont appelés par le sobriquet, «La Sainte Trinité.»

DAUBE GLACÉE

La prochaine fois que vous préparez du bœuf rôti, gardez-en un peu de côté et essayez cet amuse-gueule exceptionnel. Il fera sensation avec vos invités—surtout avec les hommes!

10 olives farcies, hachées
2 boîtes de consommé de bœuf
4 branches de céleri, hachés finement
1 gousse d'ail, émincée (au choix)
1 carotte hachée finement
90 mg d'écailles de persil
2 cuillères à soupe de sauce Worcestershire
0,5 mg de poivre de Cayenne
30 mg de gélatine non aromatisée
60 ml d'eau froide
175 mg de bœuf cuit, haché en petits morceaux

Disposer les olives au fond d'un moule à pain. Dans une casserole, faire bouillir le reste des ingrédients (à l'exception de la gélatine, de l'eau et du bœuf). Laisser mijoter pendant 10 minutes. Dissoudre la gélatine dans l'eau; ajouter le consommé et remuer pour le faire dissoudre. Ajouter le bœuf et remuer. Verser le mélange dans le moule à pain et mettre au réfrigérateur pendant quelques heures jusqu'à ce que la gélatine soit ferme. Servir avec des Ritz® ou autres biscuits salés d'apéritif.

NOTE: On peut aussi préparer cette recette avec des jarrets de bœuf, de cochon, ou autres choses qui si figent naturellement. Rendons grâce à la gélatine en boîte!

CRABE MORNAISE D'APRÈS LA RECETTE DE TANTE LOU

Une tradition délicieuse.

120 mg de beurre
1 botte d'oignons verts hachés
½ botte de persil, haché finement
30 mg de farine
375 ml d'un mélange de lait et de crème de lait liquide
25 mg d'emmenthal, coupé en tranches fines
1 cuillère à soupe de vin de Xérès
6 mg de poivre de Cayenne
1,25 mg de sel
450 g de crabe en morceaux

Faire fondre le beurre à chaleur moyenne dans une poêle épaisse. Faire revenir les oignons dans le beurre jusqu'à ce qu'ils soient roussis. Incorporer l'un après l'autre le persil, la farine, la crème, et l'emmenthal. Remuer jusqu'à ce que le fromage soit fondu. Ajouter le xérès et les assaisonnements, puis incorporer les morceaux de crabe. Chauffer le mélange jusqu'à épaississement; ne porter à ébullition. Servir sur un réchaud de table à feu doux avec des *Frenchies* ou Melba Rounds® pour tremper. Exquis dans des petits fonds de tarte.

NOTE: Aucune fête de Noël ne se passe sans *Crabe Mornaise d'Après la Recette de Tante Lou*. Tôt le matin elle en prépare deux grandes fournées et elle les garde au réfrigérateur jusqu'à ce que la fête commence. Elle réchauffe les fournées l'une après l'autre au fourneau avant de les porter au bout de la table. Les invités malheureux qui grattent le fond de leur assiette poussent des hourras quand la deuxième fournée arrive.

GUMBO AUX FRUITS DE MER

Je n'ai pas pu m'empêcher de surprendre la conversation de quelques Cajuns, qui disaient fièrement, «Le gumbo est le plat national de la Louisiane.» Je n'arrive pas à comprendre cela. Mais je suis certain que le gumbo est le plat de l'État de la Louisiane—ce qui n'est que justice. Mon cher, c'est magnifique!

125 ml d'huile végétale • 85 mg de farine
2 gros oignons hachés
1 poivron vert haché (au choix)
1 gousse d'ail, émincée • 250 ml de sauce tomate
450 g (une boîte) de tomates hachées
500 ml de bouillon (de fruits de mer ou de poulet, ou un consommé du poulet)
1 l d'eau
60 mg d'okra surgelé, haché
5 mg de sel, feuilles de laurier broyées, et thym
2,5 mg de poivre Cayenne
1 kg de fruits de mer frais, écaillés
(crevettes, queues d'écrevisses, chair de crabe, ou poissons à saveur douce)
Filé (au choix)

Faire roussir la farine et l'huile dans une poêle épaisse, en remuant pour obtenir une couleur acajou. Ajouter les légumes hachés et faire revenir jusqu'à ce qu'ils soient tendres. Ajouter la sauce tomate, le consommé de poulet, l'eau, l'okra, et les autres assaisonnements. Remuer et faire mijoter pendant environ 45 minutes. Ajouter les fruits de mer que vous avez choisis et faire cuire pendant 20 à 30 minutes. Servir avec du riz chaud dans une assiette à soupe. Servir le filé (feuilles de sassafras moulues) à table, si vous désirez. Pour 8 - 10 personnes.

NOTE: J'ai une telle passion pour le gumbo que j'ai écrit un livre sur ce sujet. *Le Petit Livre de Cuisine du Gumbo* insiste sur la préparation du gumbo un jour avant qu'il soit servi. Laissez le refroidir toute la nuit, ou garder le dans le réfrigérateur pour plusieurs heures. Il faut du temps pour que toutes ces saveurs merveilleuses soient «mixées.»

Des passages étroits débouchent sur des cours élégantes.
The Gumbo Shop.

COURTBOUILLON

Un ragoût de poisson spécial qui fait plaisir à tout le monde!

125 ml d'huile végétale
2 gros oignons, hachés
3 branches de céleri, hachées
½ poivron vert, haché
1 botte d'oignons verts, hachée
2 gousses d'ail, émincées
15 mg d'*Épice N'Awlins*
2 boîtes (900 g) de tomates
1 l de bouillon de fruits de mer
6 tranches de poisson rouge ou vivaneau (environ 1 kg)
4 tranches de citron
250 ml de vin rouge sec

Dans une grande poêle épaisse, faire revenir les légumes hachés dans l'huile jusqu'à ce qu'ils soient roussis. Y ajouter en remuant les assaisonnements et les tomates, et faire mijoter le tout pendant 10 minutes. Ajouter le bouillon et faire cuire lentement pendant 30 minutes. Puis ajouter le poisson et faire mijoter encore 30 minutes. Enfin, ajouter les tranches de citron et le vin, porter à ébullition et servir. Sert 8 personnes.

NOTE: Si vous avez du temps libre, essayez de faire le bouillon vous-même. Partez à la pêche--ou si ce n'est pas possible, allez chez le marchand de poissons. Achetez un poisson rouge entier et ôtez les arêtes. Faîtes bouillir les arêtes, la peau, et la tête avec des assaisonnements Créoles, quelques branches de céleri et quelques rondelles d'oignons. Faites mijoter pendant une heure ou plus. Filtrez le bouillon et gardez-le. Ces arêtes-là contiennent beaucoup de saveur! (Le chat sera deçu de ne pas avoir sa part.)

BISQUE DE CRABE ET MAÏS

240 mg de beurre
45 mg de farine
2 gros oignons, hachés
1 l de lait
1 boîte (454 g) de maïs à la crème
1 boîte de crème de pommes de terre
1.2 mg de macis
1.2 mg de poivre rouge
500 mg de chair de crabe en morceaux
125 mg d'emmenthal râpé
30 mg de persil
30 mg d'oignons verts, hachés finement

Dans une grande poêle épaisse, faire fondre le beurre. Y ajouter et la farine et remuer jusqu'à ce qu'elle soit bien mélangée mais non brunie. Ajouter les oignons. Faire cuire à feu moyen jusqu'à ce que les oignons soient roussis--pendant à peu près 10 minutes. Ajouter le reste des ingrédients sauf les quatre derniers. Faire mijoter à peu près 15 minutes, prenant soin de ne pas les brûler. Avant de servir, incorporer la chair de crabe, le fromage, le persil, et les oignons. Sert 6 - 8 personnes.

NOTE: Cette bisque vaut bien le détour pour la goûter. Goûtez la, fermez les yeux, et vous pourrez entendre la chanson, «dah saints go marchin' in.»

Les cours sont un des endroits préférés pour dîner.
Court of Two Sisters.

RAGOÛT D'HUÎTRES

À la Nouvelle Orléans, on sert souvent ce plat comme soupe du jour.

125 mg de beurre ou margarine
45 mg de farine
6 - 8 oignons verts, hachés finement
2 branches de céleri, hachées finement
2 douzaines d'huîtres
1 l de lait, chauffé mais pas bouilli
5 mg d'ail émincé
1 cuillère à café de sauce Tabasco
Croûtons ou craquelins
Persil coupé finement

Sur feu moyen, faire fondre le beurre dans une poêle épaisse. Incorporer la farine jusqu'à ce qu'elle soit mélangée. Ajouter les oignons et le céleri et les faire revenir lentement jusqu'à ce qu'ils soient cuits. Ajouter le jus d'huîtres et bien mélanger. Ajouter le lait, les huîtres (tranchées en deux si elles sont grosses) et les assaisonnements. Faire mijoter à feu doux pendant 10 à 15 minutes, en prenant soin de ne pas laisser bouillir trop fort. Quand les huîtres commencent à se ratatiner, elles sont prêtes à servir. Servir à la louche dans un bol avec des croûtons (ou avec des *Frenchies* émiettés). Exquis! Sert 8 personnes.

NOTE: Ce mets est si délicieux que vos invités voudront en reprendre. Il peut constituer un plat de résistance!

CREVETTES BOUILLIES PARFAITES

Pas de doute - ces crevettes sont parfaites tout le temps!

1 oignon, coupé en quatre
2 gousses d'ail
2 cuillères à soupe d'huile végétale
½ citron, tranché
1 cuillère à soupe de vinaigre
½ cuillère à café de sauce Tabasco
2,5 mg de poivre
1 kg de crevettes non décortiquées
2 cuillères à soupe de «crabe bouilli»* ou 1 sac d'épices
*(assaisonnement liquide pour faire bouillir les crabes)
45 mg de sel

Remplir une grosse marmite avec 2,75 l d'eau; porter à ébullition. Ajouter tous les ingrédients sauf les crevettes, le «crabe bouilli,» et le sel. Porter de nouveau à ébullition, puis ajouter les crevettes et le «crabe bouilli.» Faire bouillir pendant 5 minutes; ajouter le sel et faire dissoudre. Couvrir, retirer du feu, et laisser reposer pendant 30 minutes. Égoutter les crevettes et les mettre dans un grand bol. Couvrir de glace. Servir immédiatement ou refroidi.

NOTE: Si le «crabe bouilli» n'est pas disponible, passez-vous en. Étalez quelques journaux sur la table et sortez la sauce. Je vous promets que lorsque vous mangerez ces crevettes vous passerez un moment merveilleux.

SAUCE «PASSION» POUR CREVETTES

Ne confondez pas la Sauce «Passion» avec une sauce fade— voici une sauce qui vous fera chatouiller le nez!

250 ml de sauce de tomates
1 cuillère à soupe de jus de citron
60 ml de sauce raifort
1 cuillère à café de sauce de Worcestershire
1,25 mg de poudre d'oignon

Mélanger. Garder dans un pot au réfrigérateur.

NOTE: Cette sauce est superbe avec les crevettes et les écrevisses bouillies, et idéale pour les huîtres crues.

J'étais petite fille quand mon père rapporta un sac d'huîtres à la maison. En ouvrant une, je regardai les coquilles, qui étaient très jolies, mais l'huître elle-même ne semblait pas appétissante! Je regardai mon père avaler une huître et il semblait être au septième ciel. Il ouvra une autre pour me l'offrir. Je faisais confiance à mon père; je l'accepta avec prudence. Si je me rappelle bien, j'ai failli m'étrangler, mais mon père était si enthusiaste que j'ai mangé une autre. Puis une autre. Nous avions de la *Sauce Passion*, et bientôt j'avais hâte qu'il ouvre les huîtres. Cette nuit-là fut mémorable—je suis devenue une passionée d'huîtres crues, et mon père et moi avions créé un nouveau lien. (Ma mère vérifia toute la nuit si je respirai toujours.)

CREVETTES «BIG EASY» CUITES AU BARBECUE

Ce ne sont pas de crevettes cuites sur un gril dehors—ces crevettes-ci sont cuites au four et servies avec une sauce au poivre, beurre et citron, et avec du pain français chaud pour faire tremper. Mmmmm...yeah!

1 kg de grosses crevettes non-décortiquées
375 mg de margarine, fondue
3 citrons
1 cuillère à soupe d'huile d'olives
30 mg d'*Épice N'Awlins*
30 mg de poivre

Laver les crevettes et les égoutter dans une passoire. Étaler sur une grande plaque à four. Verser d'abord la margarine fondue, puis le jus de citron, l'huile d'olives, et les assaisonnements. Presser les moitiés de citrons sur les crevettes. Faire cuire au four à 175° C pendant 45 minutes. Servir décortiquées avec sauce et beaucoup de pain français pour tremper. Incroyable! Sert 6 personnes.

NOTE: Si vous commandez les «barbecued shrimp» à un restaurant à la Nouvelle Orléans, vous recevrez probablement un plat semblable à celui-ci. Et vous serez heureux de l'avoir choisi. Achetez de grandes serviettes et préparer-le vous-même.

SAUCE REMOULADE

Une sauce classique de la Nouvelle Orléans.

3 oignons verts, émincés
2 branches de céleri, hachées finement
125 mg de persil émincé
45 mg d'achard à l'aneth
425 ml d'huile végétale
160 mg de moutarde Créole (ou préparée)
2 cuillères à soupe de sauce raifort
45 ml de jus de citron
15 mg de paprika
2,5 mg de sel
2,5 mg de sucre

Il est important que tous les ingrédients soient émincés finement. Mettre dans un grand pot, bien mélanger, et laisser refroidir. Cette sauce se conserve pendant plusieurs semaines et sert 8 - 10 personnes.

Pour des portions individuelles, en verser 30 - 45 ml avec une cuillère sur des feuilles de salade. Joli (et délicieux) avec des morceaux de tomates coupées en triangle et avec des œufs durs.

NOTE: Servie surtout avec les crevettes, cette sauce est délicieuse avec des homards ou de la chair de crabe ou de poisson. Elle est aussi délicieuse sur des morceaux de tomates, sur la salade, l'avocat, la glace...(je plaisante).

ROUX AU FOUR MICRO-ONDES

Commencer avec un roux, finir avec un chef d'œuvre! Un roux special four micro-ondes avec des légumes—si facile à préparer que vous n'envisagerez pas le faire autrement!

160 ml d'huile végétale
160 mg de farine
160 mg d'oignons, hachés
160 mg de poivrons verts, hachés
160 mg de céleri, haché
160 mg d'oignons verts, hachés
160 mg d'ail, émincé
160 ml d'eau

Dans un saladier en verre, mélanger l'huile et la farine. Cuire sans couvercle dans le four micro-ondes à haute temperature pendant 6 minutes. Remuer et mettre à cuire encore 30 à 60 secondes à haute temperature pour obtenir une couleur acajou.

Ajouter les légumes hachés, bien remuer, et les faire revenir à haute temperature pendant encore 5 minutes, jusqu'à ce qu'ils soient cuits mais pas dorés. Avant de remuer, enlever l'huile. Ajouter l'eau chaude et remuer jusqu'à ce que le mélange soit souple—tellement facile à réaliser et parfait pour mettre au congélateur!

NOTE: Un roux est simplement un mélange de farine et de graisse, remué et cuit jusqu'à ce qu'il devienne doré! En brunissant, le goût non cuit et pâteux de la farine disparait et prend un goût de noisette rôtie qui est merveilleusement Créole.

CREVETTES À LA CRÉOLE

Style très Nouvelle Orléans...facile à préparer, élegant à servir, et exceptionnellement agréable à manger!

1 fournée d'Épice N'Awlins
1 boîte (85 mg) de purée de tomates
1 boîte (113 g) de sauce tomate
250 ml d'eau
2,5 mg chacun de thym, feuilles de laurier broyées, et de sel
0,5 mg de poivre de cayenne
500 mg de crevettes crues, décortiquées

Verser le *Roux au Four Micro-Ondes* dans une poêle épaisse sur un feu moyen. Ajouter tous les ingrédients sauf les crevettes. Porter à ébullition, ajouter les crevettes, et faire mijoter pendant 15 minutes à découvert; remuer, couvrir, et faire mijoter encore 15 minutes. Servir sur du riz chaud (sert 6 personnes) avec du *Pain Français «Jazz»*, du broccoli cuit à la vapeur et avec *Sensation Salad*.

NOTE: Une bonne idée est d'utiliser l'*Épice N'Awlins*, d'en ajouter 7,5 mg et de le substituer aux assaisonnements cités ci-dessus. De plus--faites un effort pour trouver les crevettes les plus fraîches possible. Elles ont un meilleur aspect, une meilleure chair, et une meilleure saveur cachée sous leurs carapaces.

ROUX SEC

Dans une grande poêle épaisse, mettre plusieurs tasses de farine et faire brunir à 200° C pendant environ une heure, en prenant soin de remuer toutes les 15 minutes. Autrement, cuire sur un brûleur, remuant sans cesse pendant 15 minutes. Conserver dans un pot. Mélanger des volumes égaux de roux sec et d'eau (ou d'huile), en remuant jusqu'à ce que cela soit souple. Servir avec le gumbo, les soupes, les ragoûts, et sauces au jus de viande. Appréciez le goût sans vous préoccuper des calories.

ÉTOUFFÉE D'ÉCREVISSES

Connu en anglais sous le nom de «crawfish» ou «crayfish,» mais en Louisiane on parle de «crawfish,» «crawdad,» ou «mudbug.»

120 mg de beurre
3 branches de céleri, hachées
3 oignons, hachés
1 poivron vert, haché
3 gousses d'ail, émincées
45 mg de farine
1 kg de queues d'écrevisses
375 ml d'eau
2 cuillères à soupe de purée de tomates (pas plus)
1 cuillère à soupe de jus de citron
2,5 mg de sel
0,5 mg de poivre de cayenne
2,5 mg de basilic
2,5 mg de thym
1,25 mg d'épice chili
1,25 mg de girofle, moulue
30 mg de persil émincé
3 - 4 oignons verts, hachés

Faire fondre le beurre dans une grande poêle épaisse. Ajouter le céleri, les oignons, le poivron vert, l'ail et faire revenir sur feu moyen jusqu'à ce qu'ils soient cuits. Ajouter les queues d'écrevisses, l'eau, la purée de tomates, et les assaisonnements. Mélanger et faire cuire pendant 15 minutes. Couvrir et faire mijoter encore 15 minutes. Ajouter le persil et les oignons verts, remuer, recouvrir, et retirer du feu. Servir sur du riz chaud. Sert 8 personnes.

NOTE: Les crevettes crues ou surgelées sont un substitut délicieux et donnent une saveur absolument incroyable. J'ai découvert que ce plat fait sensation comme hors-d'œuvre. Je l'ai apporté chez un voisin avec un panier plein de *Frenchies* pour y tremper dedans—quel succès! C'est une fois de plus du savoir-faire.

Jackson Square attire les artistes, les spectacles, et les visiteurs.

FARCE AUX HUÎTRES, D'APRÈS LA RECETTE DE GRAND-MÈRE

1 gros oignon, haché
2 branches de céleri, hachées
1 grosse gousse d'ail, émincée
60 mg de beurre ou margarine
1 boîte (340 g) d'huîtres (garder le jus)
30 mg de persil haché
100 mg de pain français, rassis
100 mg de préparation pour farce, assaisonnée d'herbes
2,5 mg de sel
2,5 mg de poivre
1,25 mg de poivre cayenne

Faire revenir les oignons, le céleri, et l'ail avec le beurre dans une grande poêle épaisse ou dans une casserole jusqu'à ce qu'ils soient cuits. Ajouter les huîtres (coupez-les en morceaux si elles sont grosses) et le persil. Cuire jusqu'à ce que les huîtres commencent à se ratatiner. Tremper le pain français dans un grand bol d'eau glacée, puis égoutter le pain. Ajouter le pain, la préparation pour farce, 125 ml de jus d'huître (ou crème si vous n'en avez pas assez), et les ingrédients restants. Remuer et cuire à feu doux pendant 15 minutes. Farcir un poulet ou une dinde sans trop le bourrer. Une autre façon de faire est de le cuire au four séparément à 175° C dans un plat beurré pendant 30 minutes. Sert 6 personnes.

NOTE: Aller chez Grandmère était toujours une véritable fête. Quand j'étais enfant, je ne m'étais pas rendu compte du fait qu'elle était pauvre, parce qu'elle avait toujours des choses à manger comme des donuts à la confiture, des frites, ou du poulet frit...et gardait toujours une pièce de 5 sous pour une «boule de neige» parfumée au sirop. Sa petite cuisine débordait de délices, de tendresse, d'affection...et de recettes délicieuses. En y réfléchissant bien, elle était aussi riche que je le pensais.

HUÎTRES ROCKEFELLER

Jules Alciatore, fils du fondateur d'Antoine's, créa une sauce secrète pour les huîtres, et il lui a donné le nom le plus riche qu'il pouvait imaginer. En voici une adaptation splendide.

3 douzaines d'huîtres crues
1 botte d'épinards frais
1 botte de persil frais
1 botte d'oignons verts frais
Les feuilles d'une demie botte de céleri frais
¼ laitue fraîche
125 mg de beurre mou
175 ml de chapelure
5 mg de pâte d'anchois
30 ml d'absinthe (au choix)
0,5 ml de sauce Tabasco
1 cuillère à soupe de sauce Worcestershire
60 mg de parmesan, moulu
Sel gemme*

Égoutter les huîtres et mettre le jus de côté. Hacher les légumes finement avec un robot de cuisine ou un mixeur. Mélanger le beurre et 45 mg de chapelure dans un grand bol; ajouter les légumes et mélanger, en ajoutant le jus d'huîtres si nécessaire pour donner une certaine consistance au mélange. Ajouter les autres ingrédients à l'exception du parmesan et de la chapelure restante. Bien mélanger.

Disposer le sel gemme au fond de quelques moules à pain et mettre au four pendant 20 minutes à 225° C. Mettre les coquilles d'huître nettoyées sur le sel gemme, remettre les huîtres dans les coquilles, et verser 2 cuillères à soupe de sauce verte sur chacune. Mélanger le parmesan et la chapelure restante et en répandre 5 mg sur chaque huître. Cuire au four pendant 20 minutes à 200° jusqu'à ce qu'elles soient légèrement dorées. Sert 6 personnes.

NOTE: *Le sel gemme préserve les huîtres droites et chaudes, ce qui est agréable à la vue. Mais les huîtres sont aussi délicieuses cuites dans une poêle. On peut les servir comme apéritif ou comme entrée. Cette recette vaut la peine d'être testée...et elle est vraiment aussi riche que Rockefeller.

TRUITE AMANDINE

Parmi les nombreuses façons Nouvelle Orléanaises de cuire ces poissons tachetés, celle-ci est peut-être la plus souvent prisée— et elle est vraiment facile à préparer.

6 truites
Lait froid
Farine assaisonnée
200 mg de beurre
175 mg (ou plus) d'amandes, tranchées finement
30 mg de persil, haché
2 cuillères à soupe de jus de citron
Sel et poivre

Écailler les truites et ôter leur les arêtes; tremper les dans le lait froid pendant environ 10 minutes, puis égoutter les. Enfariner les et secouer les pour enlever l'excès de farine. Faire frire 1 ou 2 truites à la fois dans 100 mg de beurre fondu dans une poêle épaisse. Cuire jusqu'à ce qu'elles soient dorées et croustillantes. Garder au chaud sur un plat chauffé.

Dans la même poêle, faire fondre le reste du beurre et faire légèrement brunir les amandes. Ajouter le persil, le jus de citron, le sel, et le poivre. Faire mijoter pendant quelques minutes. Verser la sauce sur les poissons croustillants. Sert 6 personnes.

NOTE: Mon père avait l'habitude d'aller à la pêche durant le weekend. Ainsi, ma famille avait toujours du poisson. D'ordinaire on l'enfarinait et le faisait frire dans la matière grasse dans une grande poêle de fer. La graisse jiclait partout (au désespoir de ma mère), mais l'odeur appétissante du poisson frit attirait des invités même si l'on n'en attendait pas—un bon temps était «gah-rohn-teed»!

SAUCE TARTARE

250 mg de mayonnaise ou sauce mayonnaise
85 mg d'achard à l'aneth, haché
15 mg d'oignon émincé
30 mg de persil haché
1 cuillère à café de sauce Tabasco
1 cuillère à café de jus de citron

Mélanger tous les ingrédients et laisser refroidir.

NOTE: Dans toute la Nouvelle Orléans, on voit de l'eau. On y trouve tellement de poissons et de fruits de mer que la sauce tartare est devenue un ingrédient de base de la cuisine, au même titre que la mayonnaise et la sauce Tabasco.

«Créole Queen» sur le Missisippi.

POISSON ROUGE NOIRCI

4 filets de poisson rouge (ou autre poisson ferme)
Mélange d'Assaisonnements
100 mg de beurre fondu

Sécher les filets et les laisser refroidir; préparer le *Mélange d'Assaisonnements*.

Utiliser une cocotte ou une poêle en fer parce qu'elles seules peuvent supporter la haute chaleur. Mettre la cocotte complètement vide sur un brûleur à haute chaleur.

Étendre les filets sur du papier parafiné et saupoudrer les légèrement avec le mélange d'assaisonnements, puis tremper les dans le beurre fondu. Quand un cercle blanc apparaît au fond de la cocotte, laisser tomber les filets— et reculer! Ils vont grésiller et fumer. Tourner les filets après 30 à 40 secondes et faire noircir de l'autre côté; retirer du feu et mettre sur des assiettes. Le mieux est de ne pas en faire cuire plus d'un ou deux à la fois. Répéter le même procédé pour les filets restants. Retirer la cocotte du feu. Sert 4 personnes.

MÉLANGE D'ASSAISONNEMENTS

30 mg de paprika
30 mg de feuilles de laurier, broyées
2,5 mg d'oignons granulés
2,5 mg d'ail granulé
1,25 mg de basilic • 1,25 mg d'origan
1,25 mg de thym • 15 mg de sel
1,25 mg de poivre noir
2,5 mg de poivre gris
1,25 mg de poivre de cayenne

Bien mélanger tous les ingrédients dans un pot. Cette épice se conserve bien et donne du goût à beaucoup d'autres mets Créoles.

NOTE: Cette interprétation de la recette classique de Paul Prudhomme est la plus facile à préparer et la plus délicieuse du monde. Grâce à lui, la cuisine Créole et Cajun se trouve à un rang élevé dans le monde entier. Épice N'Awlins est un bon substitut pour le *Mélange d'Assaisonnements*.

PO-BOYS AUX HUÎTRES

«Une recette pour les po-boys? Vous plaisantez? Tout le monde sait comment faire les po-boys!» Au cas où...

Huîtres (à peu près une par 2,5 cm de pain)
Fécule de maïs, sel, poivre
Pain pour po-boy ou baguettes
Mayonnaise ou sauce tartare
Tranches de tomates
Laitue coupée en morceaux
Tranches de cornichons (au choix)
Sel, poivre selon goût

Égoutter les huîtres, tremper les dans la fécule de maïs assaisonnée et les faire frire dans l'huile très chaude; égoutter sur du papier absorbant. Réchauffer au four le pain français, sans le cuire. Couper le pain dans le sens de la longueur et tartiner de mayonnaise. Couvrir une face d'huîtres chaudes, de tranches de tomates, de laitue, et de quelques cornichons. Poser l'autre tranche au dessus et...et presser ferme avec la paume de la main. Garder sous la main la sauce tomate et la sauce Tabasco.

NOTE: Les crevettes frites, le bœuf rôti, le jambon avec fromage, le crabe, et les écrevisses sont d'autres variantes populaires. N'oubliez pas de commander un po-boy «dressed» si vous le désirez avec de la laitue et des tomates. Et si vous voulez faire un po-boy avec un autre pain, n'hésitez pas, mais il faudra l'appeler d'un autre nom. Ce n'est pas un vrai po-boy sans le traditionnel pain français de la Nouvelle Orléans, croustillant au dehors, mou dedans.

MUFFALETTAS

Il est difficile d'imaginer un meilleur muffaletta que ceux du Central Grocery en face du Marché Français à Nouvelle Orléans...mais celui-ci saisit la ressemblance. (Les italiens le prononcent «mouf-a-lè-ta.»)

Un pain italien, rond et mou
Huile d'olives
3 tranches de jambon cuit au four
3 tranches de fromage provolone
6 tranches de salami à la génoise
3 tranches d'emmenthal
60 mg de *Salade d'Olives*

Couper le pain et le tartiner d'huile d'olives. Sur la tranche du dessous, faire alterner les tranches de jambon et de fromage. Garnir de *Salade d'Olives* et recouvrir avec la tranche du dessus. Sert 2 - 3 personnes.

NOTE: N'importe quel petit pain à croûte épaisse convient. Il est possible de chauffer le muffaletta pour faire fondre le fromage.

SALADE D'OLIVES
85 mg d'olives farcies au poivron
85 mg d'olives noires, hachées
85 mg de céleri, haché finement
45 mg de carrotes, hachées finement
45 mg de chou-fleur, haché finement
15 mg de poivron vert, haché
15 mg de persil • 30 mg d'ail, émincé
15 mg d'oignon, émincé • 250 ml d'huile d'olives
85 ml d'huile végétale
2,5 mg de sel, d'origan, et de poivre
noir grossièrement moulu

Mélanger le tout dans un grand pot. Se conserve bien au réfrigérateur.

NOTE: Les Italiens de la Nouvelle Orléans adapatent parfaitement leur cuisine à celle Créole. Pour préparer une salade «Wop» (ainsi designée par les italiens eux-mêmes), verser de la *Salade d'Olives* sur un lit de légumes verts craquants.

FRICASSÉE DE POULET CRÉOLE

1 poulet coupé en morceaux
160 mg de farine (assaisonnée de sel et de poivre)
85 ml d'huile végétale
60 mg de margarine
2 oignons hachés
2 branches de céleri, hachées
1 gousse d'ail, émincée
675 ml d'eau ou bouillon de poulet
1 feuille de laurier
2,5 mg de thym
Une pincée de poivre de cayenne
Sel et poivre selon goût
2 oignons verts, hachés
30 mg de persil, haché

Tremper les morceaux de poulet dans la farine assaisonnée et faire revenir lentement dans l'huile chaude. Retirer le poulet du feu. Jeter l'huile; en garder seulement 1 cuillère à soupe. Ajouter la margarine et la farine assaisonnée restante (à peu près 60 g), en remuant lentement pour obtenir une couleur légèrement brune. Ajouter les oignons, le céleri, et l'huile; faire revenir jusqu'à cuisson (environ 5 minutes). Ajouter l'eau ou le bouillon de poulet et les assaisonnements, remuer vigoureusement. Remettre le poulet dans la poêle, couvrir, et faire mijoter sur feux doux jusqu'à ce qu'il soit tendre, environ 30 minutes. Ajouter quelques oignons hachés et du persil. Ôter la feuille de laurier et faire cuire encore 5 minutes. Servir avec du riz. Sert 6 personnes.

SAUCE PIQUANTE AU POULET. Faire revenir un oignon vert haché avec les autres légumes—ajouter 1 boîte de compote de tomates, 1 boîte de purée de tomates, et une pincée de poivre de cayenne.

NOTE: La cuisine Créole n'est pas obligatoirement très poivrée—au contraire, le mot clef serait plutôt *aromatisée*. Plus précisément—cette recette demande 0,5 mg de poivre noir et de poivre rouge, mais il vaut mieux commencer avec une pincée. On peut toujours en *ajouter* plus.

CÔTELETTES DE VEAU PANÉES

L'odeur de cette cuisine va attirer du monde. Délicieuse recette et pas difficile du tout.

4 côtelettes de veau de 5 mm d'épaisseur
Sel, poivre
1 petit œuf, battu avec 1 cuillère à café d'eau
200 mg de chapelure de pain grillé
2 cuillères à soupe d'huile végétale
30 mg de beurre
Quartiers de citron

Bien marteler les côtelettes pour les rendre plus tendres. Les saler et poivrer. Tremper les dans l'œuf battu et rouler les dans la chapelure. Chauffer l'huile et le beurre dans une poêle épaisse jusqu'à ce que cela soit très chaud. Faire revenir les côtelettes pour les brunir des deux côtés. Égoutter sur du papier absorbant. Servir garnies de quartiers de citron. Sert 4 personnes.

NOTE: Essayer avec des blancs de volaille désossée—le poulet pané est délicieux! *Pané* veut dire «cuit à la chapelure,» bien que je pensais autrefois qu'il signifiait «cuit dans un 'pan' (poêle)»—mon français Cajun n'a jamais été très bon. Ma grand-mère appelait le bout d'un pain français «le canouche.» Ce n'est pas la peine de rechercher ce mot dans un dictionnaire. Comme dit mon neveu, «Le français Cajun n'éprouve pas le besoin d'être correct.» Il a raison, je crois.

La Maison Longue Vue et ses jardins.

JAMBALAYA

Un mets africain dans lequel le jambon (jamba) et le riz (paella) sont les ingrédients principaux. Comme le gumbo, on peut le préparer avec de nombreux ingrédients—ce que vous trouvez sous votre main.

450 g de saucisse fumée
1 gros oignon, haché
½ poivron vert, haché
2 gousses d'ail, émincées
225 mg de gros morceaux de jambon
2,5 mg de sel, de poivre, et de thym
Sauce Worcestershire, sauce de soja
0,5 mg (ou plus) de poivre rouge
625 ml d'eau
250 mg de riz non cuit
15 mg de granulés de bouillon de poulet ou bouillon de bœuf
2 petites boîtes de champignons, égouttés

Faire revenir les saucisses. Ajouter l'oignon, le poivron vert, l'ail, le jambon, puis les épices. Remuer jusqu'à cuisson. Ajouter l'eau, le riz, et les granulés de bouillon. Porter à ébullition et bien remuer. Couvrir et faire cuire sur feu doux pendant 30 minutes; ajouter les champignons, remuer et couvrir. Sert 6 - 8 personnes.

NOTE: Traditionnellement, on préparait le jambalaya dehors dans d'immenses poêles en fer dans lesquelles on faisait bouillir la canne à sucre. On le remuait avec des pagaies. Puisque l'on peut préparer le jambalaya à l'avance, et avec n'importe quelle sorte de viande, volaille ou fruit de mer, le jambalaya est parfait pour les cérémonies. Pour le mariage de mon fils, Shawn, nous avons apporté 10 gros sacs en plastique de jambalaya congelé, accompagné de salade, du pain français, quelques boîtes de biscuits et des gâteaux. Nous nous sommes amusés à décorer la salle et à recevoir chaque invité. Les dépenses n'ont pas été onéreuses, la joie fut immense, et les plaisanteries nombreuses. Du bon temps—de la bonne nourriture.

OKRA ET TOMATES CRÉOLES

Sortez le pain de maïs et le thé glacé!

1 gros oignon, haché
1 à 2 cuillères à soupe de graisse de bacon
500 mg d'okra haché
30 - 45 mg de farine
2 tomates, coupées en gros morceaux
15 mg de sucre
Sel et poivre, selon le goût

Dans la graisse de bacon, faire revenir les oignons sur feu moyen (utiliser l'huile végétale si vous préferez, mais cela ne sera pas authentiquement Créole). Égoutter l'okra dans la farine et ajouter aux oignons cuits. Faire cuire jusqu'à ce que les oignons soient légèrement brunis (4 - 5 minutes). Ajouter les morceaux de tomates (les tomates en boîtes feront l'affaire si vous n'avez pas de tomates fraîches), le sucre, et les assaisonnements. Couvrir et faire mijoter pendant 25 minutes, en remuant de temps en temps. Quand le mélange est souple et gluant, il est prêt à servir. Sert 4 personnes.

NOTE: L'okra est d'origine Africaine, et les tomates viennent d'Amérique du Sud, et ils se sont «mariés» à la Nouvelle Orléans. Quel mariage heureux!

MIRLITONS FARCIS

Autrement appelé la «poire végétale,» le «chayote,» ou le «christophrene,» ce légume vert pâle est assez doux et approprié pour être farci.

4 gros mirlitons (ou courges ou aubergines)
60 mg de beurre
2 cuillères à soupe d'huile végétale
2 oignons, hachés
85 mg de poivron vert, haché
2 gousses d'ail, émincées
10 mg d'*Épice N'Awlins* (ou 2,5 mg de
sel, poivre, thym, et basilic)
250 mg de jambon, haché
175 mg de crevettes, écrevisses, ou chair de crabe
250 mg de chapelure
200 mg de fromage chedar, râpé (au choix)

Mettre les mirlitons dans suffisament d'eau pour les recouvrir. Faire bouillir pendant 40 à 60 minutes, jusqu'à ce qu'ils soient tendres. Les couper en deux, retirer les pépins, et les retourner sur du papier absorbant pour les égoutter.

Faire revenir les oignons, le poivron vert, et l'ail jusqu'à cuisson dans le beurre et l'huile. S'entoucher à la peau des mirlitons, retirer la chair et l'ajouter aux légumes sautés. Remuer et ajouter les épices, le jambon, et les fruits de mer. Cuire à feu moyen pendant 15 minutes, en remuant souvent. Ajouter la chapelure en dernier; cuire en remuant bien pendant 15 minutes.

Remplir les mirlitons évidés, parsemer de fromage (ou de chapelure ou de petits morceaux de beurre), et cuire au four dans un moule à pain à 175° C pendant 20 minutes, ou jusqu'à ce que la farce soit dorée. Sert 8 personnes.

Les mirlitons farcis se conservent bien au congélateur. Décongeler les avant de les rechauffer au four.

NOTE: A la place de la chapelure, essayer une tranche de pain français de 12 cm trempée dans de l'eau glacée puis égouttée. Préparer de n'importe quelle façon, les mirlitons farcis sont délicieux. Faites-moi confiance!

RIZ AUX FÈVES «LUNDI»

Le lundi à la Nouvelle Orléans, on mange le riz aux fèves.
Délicieux, et très bon pour la santé...

500 g de fèves rouges sèches
2 l d'eau
1 os de jambon riche en viande ou 2 jarrets
2 oignons, hachés
2 gousses d'ail, émincées
2 feuilles de laurier
Quelques gouttes de sauce Tabasco
Sel et poivre selon goût

Mettre tous les ingrédients dans une grande marmite.
Porter à ébullition. Baisser le feu et faire mijoter, en
remuant de temps en temps. Quand les fèves sont
tendres, écraser en quelques unes sur le côté de la
marmite pour faire une sauce crémeuse qui se sert sur le
riz chaud. Sert 6 - 8 personnes.

NOTE: Laisser tremper les fèves toute la nuit pour
réduire le temps de cuisson de 50%. La viande
d'accompagnement dépend du chef. Ma Tante Tiel ne
pensait pas à préparer les fèves rouges sans porc fumé;
ma mère insistait sur les jarrets; et mon père préférait la
saucisse épicée. Mais l'astuce Nouvelle Orléanaise, c'est
la moelle de l'os du jambon. Briser l'os pour qu'il libère
sa saveur riche et sa texture crémeuse. Selon une tradition qui est encore vivante aujourd'hui, on prépare le riz
aux fèves avec l'os restant du jambon du dimanche. Le
lundi était le jour de la lessive, et avant l'avènement des
machines à laver, cette recette-ci convenait bien après ce
travail épuisant.

Les cours et les marchés...un paradis pour ceux qui aiment faire les commissions et se promener.

CUSHAW CUIT AU FOUR

Une grosse courge au col courbé—douce et dé-li-cieuse!

1 petit cushaw (ou une petite citrouille)
200 mg de beurre
250 mg de sucre
200 mg de sucre brun
375 mg de lait
4 œufs
2,5 mg de poivre de la Jamaïque
2,5 mg de noix de muscade

Couper en deux le cushaw nettoyé; enlever les pépins et les fibres. Diviser en morceaux carrés de 12,5 cm. Faire bouillir dans suffisament d'eau pour les recouvrir jusqu'à ce qu'ils deviennent tendres, égoutter et enlever la chair des écales. Faire une purée dans un bol avec les ingrédients restants. Farcir les écales de mélange et les mettre dans un plat à cuire. Parsemer de noisettes de beurre et faire cuire au four pendant 30 minutes à 175° C jusqu'à ce qu'ils brunissent légèrement. Sert 6 - 8 personnes.

NOTE: On peut préparer ces cushaws à l'avance et les mettre au réfrigérateur avant de les cuire au four. Jolis sur une assiette avec une entrée et un légume vert—ils donnent une nuance de douceur.

IGNAMES SUCRÉES

L'igname est un ingrédient de base de la cuisine de la Nouvelle Orléans. Cette recette est aussi vieille que le sucre—le sucre à l'heure du dîner!

3 grosses ignames
160 mg de sucre ou de sucre roux
60 mg de beurre ou margarine
2 cuillères à soupe d'eau
½ cuillère à café d'essence de vanille

Faire cuire les demis ignames dans l'eau jusqu'à ce qu'elles soient tout juste molles. Quand elles sont refroidies, les éplucher et les couper en tranches épaisses (2 cm). Faire bouillir le sucre, le beurre, l'eau, et l'essence de vanille dans un poêle; ajouter les ignames. Couvrir et faire cuire à feu doux pendant 20 minutes, en remuant légèrement une ou deux fois. Découvrir et laisser cuire encore 10 minutes, jusqu'à ce que le mélange soit épais et lisse. Sert 4 - 6 personnes.

RAGOÛT D'AUBERGINES EN COCOTTE, D'APRÈS LA RECETTE DE MAMAW

1 aubergine, épluchée et coupée en dés
4 tranches de bacon (ou jambon), coupées en morceaux
½ oignon, haché • 10 biscuits secs (ou *Frenchies*)
85 ml de crème • 3 cuillerées de beurre
2,5 mg de sel, de pulpe de citron, et de sucre
Chapelure beurrée

Laisser tremper l'aubergine dans l'eau salée pendant 20 minutes. Faire frire le bacon (ou morceaux de jambon) dans une grande poêle jusqu'à ce qu'il soit presque cuit; ajouter l'oignon haché. En attendant, tremper les biscuits dans la crème. Égoutter l'aubergine. Puis, mettre tous les ingrédients dans la poêle. Cuire à feu doux pendant 20 minutes, en remuant souvent.

Mettre le mélange dans une cocotte beurrée, et saupoudrer de chapelure beurrée. Cuire au four à 170° C pendant 15 minutes et servir. Sert 6 personnes.

NOTE: Mamaw faisait aussi ce ragoût avec des crevettes—délicieux!

*Il y a toujours des produits agricoles frais
au Marché Français.*

MAQUE CHOU

Un plat merveilleux provenant des Indiens d'Amérique et composé de compote de maïs et de tomates.

10 épis de maïs frais (ou 700 mg de
maïs congelé ou en boîte)
1 oignon haché
30 mg de poivron vert, haché
1 gousse d'ail, émincée
90 mg de beurre
2 tomates épluchées et hachées
5 mg d'*Épice N'Awlins*
5 mg de sucre

Ôter le maïs des épis, tout en gardant le jus. Faire revenir l'oignon, le poivre, et l'ail dans le beurre (ou la graisse de bacon). Ajouter le maïs, les tomates, les épis et le sucre. Remuer et laisser mijoter à feu doux pendant 40 minutes. Sert 6 personnes.

NOTE: Les Créoles y ajoutaient environ une tasse de crevettes ou d'écrevisses cuites ce qui donnait à la recette sa touche Créole.

SALADE AU SENSATIONNEL ASSIASONNEMENT

On ne peut pas le dire autrement—c'est sensationnel.

100 mg de fromage Romano, râpé
30 mg de fromage bleu, râpé
2 gousses d'ail, émincées finement
45 ml de jus de citron frais
85 ml d'huile d'olives
160 ml d'huile végétale
2,5 mg de sel
1,25 mg de poivre noir

Bien mélanger le tout dans un grand pot. Mettre au réfrigérateur.

Avant de servir, bien remuer. Pour 4 portions, en verser environ 45 ml à l'aide d'une cuillère sur une moitié de laitue croquante, lavée et éfeuillée. Remuer légèrement pour la répandre parfaitement.

NOTE: Cet assaisonnement doit être remué légèrement, et non pas versé abondamment. Un conseil: ne pas verser sur des salades individuelles. Une grande variété de légumes n'est pas nécessaire. Remuer avec des légumes verts et craquants pour une parfaite salade.

MARINADE D'AILS ET DE TOMATES, D'APRÈS LA RECETTE DE MARIE

60 mg d'oignons, hachés finement
5 petites gousses d'ail, émincées finement
5 tomates juteuses, hachées finement (garder le jus)
2,5 mg d'assaisonnement Créole
1 bouteille (225 ml) de «Wishbone Italian Dressing»®
(ou autre assaisonnement pour salades à l'italienne)
Sel et poivre selon goût

Mélanger tous les ingrédients dans un grand bol, en prenant soin d'inclure le jus des tomates. Mettre au réfrigérateur une heure ou plus.

À l'heure de servir, mettre le bol sur la table à côté d'un grand saladier de laitue craquante, et laisser chacun se servir. Mama Mia, c'est vraiment très italien!

TARTE AUX PACANES

Si vous continuez à prononcer le mot «pecan» comme «PI-cainne», vous n'êtes pas autorisé à préparer cette recette.

200 mg de sucre
200 ml de sirop de maïs clair
15 mg de farine
60 mg de beurre ou margarine, fondu*
3 œufs
1 cuillère à soupe d'essence de vanille
1 tasse (250 mg) de pacanes
1 fond de tarte, non cuit (voir recette ci-dessous)

Mélanger les 7 premiers ingrédients avec un fouet ou une fourchette. Verser dans le fond de tarte et faire cuire au four préchauffé à 225° C pendant 45 minutes.

NOTE: *Pour obtenir une délicieuse saveur de pacanes rôties, faire revenir le beurre légèrement dans une poêle, et faire roussir.

FOND DE TARTE FEUILLETÉ, D'APRÈS LA RECETTE DE GWEN

1 tasse (250 mg) de farine
85 mg de matière grasse
1,25 mg de sel
45 ml d'eau glacée

Bien mélanger la farine, la matière grasse, et le sel avec une fourchette ou un mixeur jusqu'à ce que le mélange soit farineux. Y ajouter l'eau d'un coup et mélanger. Rouler en forme de cercle sur une planche à cuisiner fortement enfarinée. Transférer le tout dans une terrine. Border le bord de la pâte et piquer plusieurs fois avec la fourchette. Si vous avez besoin d'un fond de tarte déjà cuit, cuire au four préchauffé à 200° C pendant 10 minutes jusqu'à ce qu'il soit légèrement doré.

NOTE: Ne pétrissez pas la pâte si vous désirez un fond de tarte feuilleté. N'y songez même pas!

TARTE AUX FRAISES GLACÉES, D'APRÈS LA RECETTE DE GRAMMY

Il n'existe nulle part une recette plus délicieuse que celle-ci—c'est ainsi!

1 l de fraises fraîches, nettoyées, et queues enlevées
125 ml d'eau
250 mg de sucre
45 mg d'amidon de maïs
15 mg de beurre
Colorant rouge
1 fond de tarte, déjà cuit
225 ml de crème, fouettée avec 15 mg de sucre

Mettre de côté 8 petites fraises entières pour garniture.

Prendre une poignée de fraises et presser les pour extraire 125 ml de jus dans une casserole. Mettre les autres fraises de côté, coupées en deux ou entières. Mélanger le sucre, l'amidon de maïs, et l'eau avec les fraises écrasées. Porter à ébullition sur feu moyen et laisser cuire en remuant sur feu doux pendant 3 minutes, ou jusqu'à ce que le mélange soit clair et épais. Ajouter une goutte de colorant rouge et le beurre. Remuer et laisser refroidir.

Disposer les fraises dans le fond de tarte et recouvrir avec la sauce refroidie. Garnir de crème fouettée et de quelques petites fraises entières. Garder au réfrigérateur jusqu'à l'heure de servir.

NOTE: À la différence des autres fraises, qui sont plus claires et sans consistance, celles de Louisiane sont plus petites mais plus fermes et plus foncées—et douces, douces, douces. Elles sont délicieuses dans une sauce pour gaufres ou dans un glaçage pour desserts; elles transforment un bol de céréales ordinaires en un mets délicieux! Au printemps, allez chercher les fraises tôt sur le marché français, et grignotez les lors une promenade autour du Vieux Carré. «Where y'at? Darlin', you are *in* New Orleans!»

Le tramway de l'Avenue St. Charles est l'un des uniques tramways électriques encore en fonction aux États-Unis.

ÉCLAIRS AU CHOCOLAT

250 ml d'eau • 120 mg de beurre ou margarine
250 mg de farine • 1,25 mg de sel
4 gros œufs • 1 (petite) boîte de préparation pour pudding
(instantané ou ordinaire)
500 ml de lait froid
Garniture de chocolat **(voir recette ci-dessous)**

Faire bouillir l'eau dans une grosse marmite; y ajouter le beurre et remuer jusqu'à ce qu'il fonde. Ajouter la farine et le sel, laisser cuire quelques minutes jusqu'à ce que le mélange prenne la forme d'une boule molle. Retirer du feu, laisser refroidir pendant 10 minutes, puis ajouter les œufs un à un, en fouettant vigoureusement après chacun d'eux. Sur une plaque de four beurrée, verser 12 - 15 cuillerées de pâte et façonner les en forme de capsule. Cuire au four à 225° C pendant 15 minutes, puis baisser à 150° C et laisser cuire encore 10 minutes. Pendant que les éclairs cuisent, préparer et mettre au réfrigérateur le pudding (selon les instructions de la boîte) et la garniture de chocolat. Quand les éclairs sont refroidis, couper le tiers supérieur dans le sens de la longueur avec un couteau tranchant. Remplir chaque tranche de 2 cuillères à soupe de pudding. Remettre l'une sur l'autre. Glacer de *garniture de chocolat*. Mettre au réfrigérateur et couvrir légèrement de papier parafiné.

GARNITURE DE CHOCOLAT - Faire fondre 60 mg de chocolat dans le four micro-ondes à HAUTE température pendant 2 minutes (ou au bain-marie). Ajouter 45 mg de beurre; remuer pour faire fondre. Ajouter 300 ml de sucre en poudre, 1 cuillère à café d'essence de vanille, et 30 - 45 ml de lait pour obtenir un mélange clair. Fouetter avec une cuillère jusqu'à ce qu'il soit lustré.

NOTE: Je parie que cela fut plus facile que vous ne l'auriez pensé. Les choux à la crème sont semblables aux éclairs, mais ils ont une forme ronde et sont saupoudrés de sucre en poudre. Essayez la garniture au chocolat, au citron, et à la crème vigoureusement fouettée. Moi, je préfère le garniture à la crème cuite, mais personne ne se plaint quand j'utilise la crème instantanée. C'est le dessert favori de mon mari. Il dit qu'il n'y a qu'un seul inconvénient: c'est que je ne le prépare pas assez souvent.

PUDDING POUR LE FOUR MICRO-ONDES

Peu de calories...disparaît vite!

4 - 5 tranches de pain rassis
375 ml de lait écrémé
45 - 60 mg de margarine allégée
200 mg de sucre
3 œufs, légèrement fouettés (ou succédané d'œufs)
1 cuillère à café d'essence de vanille
2,5 mg de cannelle
125 mg de raisins secs

Dans un moule à gâteau pour four micro-ondes (en forme d'anneau si possible, bien qu'un moule traditionnel soit aussi bien; n'oubliez pas de remuer le centre du mélange vers les bords du moule à 2 reprises pendant la cuisson), tremper le pain émietté dans le lait. Faire fondre la margarine dans un saladier; y ajouter les ingrédients restants. Verser sur le pain trempé, en remuant pour répartir les raisins secs. Régler le micro-onde sur RÔTIR (#7) pendant 11 - 12 minutes. Pour vérifier la cuisson, introduire un cure-dents dans la pâte et le retirer: si le cure-dents est net, le pudding est prêt.

NOTE: Le pudding est probablement le dessert le plus populaire de la Nouvelle Orléans. On le trouve toujours au menu. (J'en achète toujours une part à emporter quand je me balade dans le Vieux Carré—délicieux!)

Si vous préparez le pudding tôt le matin comme dessert pour le soir, cachez-le bien. Mes enfants ont tellement chapardé que j'ai décidé de le servir comme petit-déjeuner. Cela leur est égal. Malheureusement, le pain frais n'est pas bon à utiliser pour ce pudding—il est trop moelleux. Avoir du pain rassis n'a jamais été un problème pour moi. Une fois, lors d'un repas avec mes cousins germains, j'ai surchauffé les baguettes (encore une fois!). J'ai donc utilisé ces baguettes dures comme des cailloux pour faire le lendemain un pudding au pain. Avec du jus du fruits frais, tout le monde en a mangé, et les cousins sont repartis chez eux avec une idée nouvelle pour le petit déjeuner.

PUDDING AU STYLE DE LA NOUVELLE ORLÉANS

½ pain français, rassis
300 ml de lait
40 mg de beurre
60 mg de sucre
2 œufs
1 cuillère à soupe d'essence de vanille
½ tasse (125 mg) de raisins secs

Tremper les morceaux de pain rassis dans le lait. Faire fondre le beurre et ajouter le sucre, les œufs, l'essence de vanille, et les raisins secs. Mélanger le tout avec les mains. Beurrer un moule à pain d'à peu près 20 cm de longueur, et faire cuire le mélange au four à 175° C pendant 45 minutes. Si vous désirez, garnir avec *Hard Sauce* et avec une bonne cuillerée de crème fouettée.

HARD SAUCE

60 mg de beurre, à température ambiante
45 mg de sucre
1 cuillère à café d'essence de vanille
2 cuillères à soupe de brandy, bourbon, ou rhum

Fouetter tous les ingrédients avec un fouet ou une batteuse jusqu'à ce que le mélange soit crémeux et souple.

NOTE: Il y a plusieurs sortes de garniture pour le pudding. La sauce à la crème cuite au four se fait avec un œuf et se cuit légèrement; mais je ne la fais pas moi-même parce qu'elle a tendance à se cailler, et elle finit par ressembler à la soupe aux gouttes d'œuf (chinoise). Il y a aussi la meringue. Et la crème fouettée. Si vous étalez de la confiture de fraises sur le dessus du pudding, on parle de «Queen's Pudding» (le Pudding de la Reine). La garniture préférée de ma mère est une sauce de citron, qu'elle fait avec du sucre en poudre, beaucoup de jus de citron, et «ah lil bud-ah» (un tout petit peu de beurre).

BANANES FOSTER

Baissez les lumières, regalez vos invités.

90 mg de beurre
60 mg de sucre brun
4 bananes mûres, pelées et tranchées dans le sens de la longueur
2,5 mg de cannelle
125 ml de liqueur de banane
250 ml de rhum blanc
4 grosses cuillères de glace à la vanille

Faire fondre le beurre sur un réchaud de table ou dans une grande poêle. Ajouter le sucre brun et faire revenir. Parsemer de cannelle. Verser la liqueur de banane et le rhum. Flamber, tout en arrosant avec le liquide flambant. Servir avec de la glace à la vanille quand la flamme s'est éteinte. Sert 4 personnes.

NOTE: Les chefs de la Nouvelle Orléans aiment flamber les plats tels que les Crêpes Suzette, les Cerises Jubilées, et l'Igname Brûlée. La recette d'origine des *Bananes Foster* a été créée pour un client de Brennan's s'appelant Richard Foster. La recette est reconnue comme le couronnement d'un «Breakfast at Brennan's,» un plat sans pareil.

Qu'en penses-tu?» Les marchés en plein air offrent une variété de produits.

«KING CAKE»
(GÂTEAU DES ROIS)
POUR MARDI GRAS

Une tradition amusante...et délicieuse!

125 ml de lait • 125 mg de sucre
5 mg de sel • 125 mg de matière grasse
2 paquets de levure • 85 ml d'eau tiède
3 œufs • 5 mg de zeste de citron, moulue
2,5 mg de noix de muscade
1125 - 1250 mg de farine, tamisée
Un tout petit bébé en plastique, ou une fève crue, ou une demie pacane
Glaçage de Citrons • **Sucre coloré**

Mélanger le lait, le sucre, le sel, et la matière grasse dans une casserole. Faire chauffer jusqu'à la limite du point d'ébullition, et laisser refroidir jusqu'à ce que cela soit tiède. Faire dissoudre la levure dans l'eau tiède dans un grand bol, puis ajouter les œufs, le zeste de citron, la noix de muscade, le mélange de lait, et 500 mg de farine; fouetter jusqu'à ce que cela soit souple. Ajouter la farine restante, 250 mg à chaque fois. Pétrir sur une planche poudrée de farine jusqu'à ce que cela soit souple et élastique. Mettre dans un bol beurré, remuer, et couvrir d'un chiffon humide. Laisser reposer pendant deux heures dans un endroit chaud.

Percer la pâte et pétrir encore une fois pendant 5 minutes. Diviser en trois et étaler chaque tiers pour former une bande d'à peu près 75 cm de longueur. Tresser les bandes et mettre sur une plaque de four beurrée. Joindre les bouts des bandes en les pressant fermement l'un contre l'autre pour former un cercle. Couvrir et laisser reposer jusqu'à ce que les bandes doublent de volume, pendant environ une heure.

Dans un four préchauffé à 200° C, cuire à peu près 20 minutes jusqu'à ce que ce soit doré. Laisser refroidir et glacer. Parsemer immédiatement le cercle de sucre violet, vert, et jaune. (Mettre 85 mg de sucre dans un mixeur avec quelques gouttes de colorant pour obtenir une couleur uniforme; faire fondre les colorants rouges et bleus pour obtenir la couleur violette.) Orner de cerises coupées en deux si vous désirez. Peut se congéler...et amusant!

GLAÇAGE DE CITRON

375 mg de sucre en poudre
2 cuillères à soupe de jus de citron
1 cuillère à soupe d'eau

Mélanger le tout et remuer jusqu'à ce que cela soit souple, en ajoutant plus d'eau si cela est nécessaire pour faciliter le glaçage—pour qu'il puisse couler sur les bords du gâteau.

NOTE: Le gâteau des rois commémore la découverte de l'enfant Jésus par les Mages au jour de l'Épiphanie, le 6 janvier. L'heureux individu qui trouve le bébé dans le gâteau est déclaré roi ou reine pour toute la journée...et il est obligé d'apporter un gâteau des rois pour la célébration de la saison suivante. Traditionellement, le gâteau des rois est ovale pour indiquer l'unité de tous les chrétiens. On le décore de violet, jaune, et vert parce que ceux sont les couleurs de Mardi Gras. Mardi Gras («Fat Tuesday» en anglais) signifie le début du Carême—et la fin du gâteau des rois.

PRALINES CRÉMEUSES

Je suis fière de vous livrer cette recette exceptionelle qui m'a été communiquée oralement par la famille McKee. Ci-dessous vous en trouverez les instructions précises. Un secret partagé! dans le secret.

500 mg de sucre
250 mg de babeurre
5 mg de bicarbonate de soude
120 mg de beurre ou margarine
1 cuillère à café d'essence de vanille
375 mg de demie pacanes, décortiquées

Préparer pour les pralines 2 morceaux de papier paraffiné de 2 mètres de longueur étalés sur 2 pages d'un journal sur une table. (Il est nécessaire afin que la paraffine ne se dépose pas sur la surface de la table.)

Mettre les 3 premiers ingrédients dans une grande cocotte épaisse et porter à ébullition en remuant constamment. Garder les 3 derniers ingrédients sous la main près de la cocotte. Baisser un peu le feu quand le mélange commence à monter, et remuer, tout en observant le changement de couleur des bouillons. Le mélange redescendra ensuite et deviendra brun clair. Quand il s'épaissit un peu (le procède jusqu'ici prend environ 7 minutes), laisser tomber quelques gouttes du mélange dans une tasse d'eau froide. Dès que vous pouvez former une petite boule des gouttes avec vos doigts, ajouter les 3 derniers ingrédients. Le mélange peut jicler à cause de la chaleur, mais il reviendra normal après avoir été remué. Remuer et chauffer encore une minute, jusqu'à ce que les gouttes passent encore une fois «l'examen de boule molle» encore une fois. Il est très important que la pâte revienne à cet état. Dès lors, retirer du feu et laisser reposer pendant une minute—pas une seconde de plus—pendant que vous reposez votre main.

Ensuite, remuer très fortement avec une cuillère en bois jusqu'à ce que le mélange s'épaississe un peu. À ce moment-là, il vous faut prendre la situation en main. D'un côté, il ne faut pas verser le mélange alors qu'il est trop liquide; de l'autre côté, il ne faut pas le laisser

devenir épais au point qu'il soit solide dans la casserole. Pencher la casserole afin de pouvoir en verser des cuillerées sur le papier paraffiné du côté de la cocotte où il se solidifie le plus vite. Laisser solidifier complètement. (Ne vous préoccupez pas des gouttes; vous pouvez les manger immédiatement!)

NOTE: Chaque saison, le repas de Noël chez ma sœur Janet est proclamé le meilleur de l'année. Une foix, lors de mon arrivée, elle était très bouleversée parce que ses pralines ne s'étaient pas solidifiées correctement. Nous les avons donc ramassées avec une spatule pour les remettre dans la cocotte, puis nous les avons rechauffées au «Softball Stage.» Après les avoir mélangées, nous les avons versées avec une cuillère. Voilà! Parfait!

Le Mardi Gras. «Hola! M'sieur! Jetez-moi quelque chose!»

PUNCH OURAGAN
(«HURRICANE»)

D'ordinaire, une promenade à la Nouvelle Orléans inclue une visite de la Rue Bourbon. Les spectacles, les bruits, et les odeurs n'ont nulle part ailleurs quelque chose de semblable. La Rue St. Pierre est toujours bondée et l'on peut y rencontrer une foule de gens se dirigeant vers Pat O'Brien's, le restaurant le plus célèbre pour cette boisson délicieuse. Le nom choisi symbolise les orages qui ravagent le Golfe du Mexique. La couleur, rouge comme celle des cerises, donne au verre du Punch Ouragan une couleur originale. (Soyez averti—le verre n'est pas la seule chose qui fait luire!)

Glace concassée
60 ml de Jero's Red Passion Fruit Cocktail Mix
60 ml de jus de citron, frais
120 ml de bon rhum foncé
1 quartier d'orange
1 cerise au marasquin

Remplir un verre «Ouragan» (n'importe quel verre d'un volume d'environ 470 ml fera l'affaire, mais il ne sera pas aussi attirant) de glace concassée; ajouter le Jero's Red Passion Fruit Cocktail Mix, le jus de citron, et le rhum. Orner d'une tranche d'orange et d'une cerise.

NOTE: Il existe aussi une préparation commerciale pour le punch ouragan par Pat O'Brien (celle pour le «Bloody Mary» est sensationnelle). Si vous ne pouvez pas obtenir la préparation ou le Jero's Mix pour votre soirée au style de la Nouvelle Orléans, mélanger une boîte de 1400 ml de «Hawaiian Punch,» une boîte de 350 ml de jus d'orange surgelé, et une boîte de 175 ml de limonade; verser avec de la glace concassée et du rhum.

Un si grand nombre de touristes achètent un «Ouragan» pour conserver le verre que Pat O'Brien's suppose que tout le monde désire acheter le verre. Ainsi les gens paient le verre quand ils paient pour la boisson. Bien entendu, on peut rendre le verre et recupérer l'argent, mais inévitablement quelqu'un dans le groupe aura envie de le garder. Il existe aussi le Cyclone, la Bourrasque («Squall»), la Brise («Breeze»)—chacune des boissons a son propre verre, chacune est délicieuse, colorée...et «orageuse.»

PUNCH AU LAIT

Charmant avant le brunch...ou après le bal.

40 ml de cognac ou whisky de maïs
120 ml de crème légère
5 mg de sucre en poudre
2,5 ml d'essence de vanille
Glace cassée (4 glaçons)
Une pincée de noix de muscade

Dans un shaker (ou mixeur), mélanger tous les ingrédients à l'exception de la noix de muscade. Secouer fortement! Secouer encore une fois. Servir dans un joli verre. Parsemer de noix de muscade. Sert 1 personne.

NOTE: Le punch au lait et les autres boissons semblables au Ramos Gin Fizz, Sazerac Cocktail, et à l'Absinthe Frappé ont joui la reputation des boissons célèbres de la Nouvelle Orléans depuis plusieurs années. De plus de nouvelles boissons naissent tous les jours, comme le Hand Grenade, le Horney Gator, le Voodoo Beer. Il n'est pas étonnant que l'on appelle la Nouvelle Orléans «la ville qui oublie les soucis.»

CAFÉ BRÛLOT

La flamme est divertissante; le goût, diaboliquement délicieux!

Zeste d'une orange
2 bâtons de cannelle
8 cloux de girofle, entiers
30 mg de sucre
90 ml de Cognac
3 tasses de café, fort et foncé

Chauffer tous les ingrédients à l'exception du café dans un bol allant sur le feu ou sur un réchaud de table. Juste avant le point d'ébullition, apporter sur la table et mettre à flamber. Remuer avec une louche pendant quelques minutes, puis verser le café chaud sur le cognac flambant. Servir avec la louche dans des tasses de brûlot ou des demi-tasses.

NOTE: La plupart des boissons célèbres de la Nouvelle Orléans se vendent dans des verres qui leur sont propres. Antoine, le créateur de *Café Brûlot*, utilise un bol brûlot en cuivre et des tasses de café brûlot. Une autre boisson, le Café Diable, contient du zeste de citron à la place de l'orange, et parfois du Cointreau. Idéalement, le café brûlot réchauffe l'intérieur du corps. Si vous n'avez pas envie de brûler votre main, il vaut mieux remplir une longue cuillère en métal de Cognac et frotter l'allumette juste en dessous d'elle; puis ensuite allumer le bol.

Les ombres se reflètent sur la statue d'Andrew Jackson.
Jackson Square.

NOTE BIOGRAPHIQUE

Gwen McKee, originaire de la Louisiane, a eu la chance d'apprécier la cuisine de la Nouvelle Orléans durant toute sa vie. Née et élevée à Bâton Rouge, elle considérait tout voyage à la Nouvelle Orléans comme un plaisir sans pareille, une aventure gastronomique, qu'il fût chez sa grand-mère, sa tante, ses cousins, ou dans un restaurant. Elle a écrit *The Little Gumbo Book (Le Petit Livre de Gumbo)* et a rédigé *The Best of the Best of Louisiana (Ce Qu'il y a de Meilleur à la Louisiane)*, deux livres de cuisine des plus populaires de Louisiane. En tant que directrice de sa propre maison d'édition (Quail Ridge Press), elle rédige tous ses livres de cuisine avec adoration dans son lieu favori: la cuisine.

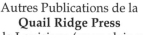

Autres Publications de la
Quail Ridge Press
au sujet de la Louisiane (en anglais seulement).

Best of the Best from Louisiana
(*Ce Qu'il y a de Meilleur à la Louisiane*)
288 pages contenant les recettes préférées de 50 principaux livres de cuisine de la Louisiane—un best-seller. Reliée en classeurs à anneaux. $14.95.

The Little Gumbo Book
(*Le Petit Livre de Gumbo*)
27 recettes de gumbo, avec instructions précises pour préparer le roux, le riz, et l'assaisonnement Cajun. En version cartonnée avec photos e dessins. $8.95.

Only in Louisiana
(*Seulement en Louisiane*)
Guide de la Louisiane, présentant les gens et les endroits singuliers des quatres coins de l'état. Agréable à lire. Photos, carte. En livre de poche. $6.95.

A History Lover's Guide to Louisiana
(*Guide de la Louisiane Pour les Amateurs de l'Histoire*)
Plantations hantées, reines de voodoo, et coureurs de bois habitent les avenues mystérieuses de ces endroits enchanteurs du passé. Photos, cartes, et logements. 8½" x 11" (20.3 cm x 28 cm). En livre de poche. $12.95.

Going to New Orleans to Visit Weezie Anna
(*Un Voyage à la Nouvelle Orléans pour Rendre Visite à Weezie Anna*)
La charme unique de la Nouvelle Orléans est délicieusement capturé par l'imagination d'un enfant. Illustrée, en version cartonnée. $8.95.

Pour commander par la poste, envoyez un chèque, un mandat, ou un numéro de carte de crédit avec la date d'expiration à:

QUAIL RIDGE PRESS
P. O. Box 123 • Brandon, MS 39043

Si aux Etats-Unis, ajouter $2.00 pour les frais de maniement e d'expédition. Pour emballage et carte de voeux, ajouter $1.50. Ceux de l'état de Mississippi, ajoutez 7% d'impôt de vente. Écrivez ou appelez pour un catalogue gratuit de la collection de livres de la Quail Ridge Press.

Si aux États-Unis, appelez gratuitement le **1-800-343-1583**.
De l'étranger, appelez le **19-1-601-825-2063**
(parlez anglais s'il vous plaît!).